비린내의 몸부림

문장시인선 028 | 정기억 시집

비린내의 몸부림

인쇄 | 2025년 2월 5일
발행 | 2025년 2월 10일

글쓴이 | 정기억
펴낸이 | 장호병
펴낸곳 | 북랜드
      04556 서울 중구 퇴계로41가길11-6, JHS빌딩 501호
      41965 대구시 중구 명륜로12길 64(남산동)
      대표전화 (02)732-4574, (053)252-9114
      팩시밀리 (02)734-4574, (053)252-9334
      등록일 | 1999년 11월 11일
      등록번호 | 제13-615호
      홈페이지 | www.bookland.co.kr
      이-메일 | bookland@hanmail.net

책임편집 | 김인옥
기   획 | 전은경
교   열 | 서정랑

ⓒ 정기억, 2025, Printed in Korea
저자와의 협의하에 인지를 생략합니다.

ISBN 979-11-7155-102-6 03810
ISBN 979-11-7155-103-3 05810 (e-book)

값 10,000원

문장시인선 28

비린내의 몸부림

정기억 시집

북랜드

시인의 말

이 뭐꼬?

팽이? 걔?

짧은 세 치 혀로

때린 데 또 때려

돌았어!

차례

시인의 말 • 5

1 그리 보지 마오

달, 낮의 지배자 • 12
첫눈 내리는 날 • 13
오두막의 독백 • 14
어느 날의 습격 • 16
달맞이꽃님 • 19
꼰대 • 20
동시를 읽다 • 21
정오 바다 물빛의 정체는 • 22
파에톤의 눈물 • 24
설익은 청춘의 마음속 • 26
시대 법정 • 28
안개꽃 • 29
귀양 상소 • 30
팔공산 산 부엉이 • 32
슬그머니 하염없이 • 33
어디에서 와서 어디로 가는지
    모르는 바람처럼 • 34

2 오동나무의 노래

고추잠자리 · 36
어제 본 오늘과 내일 · 37
논쟁에 대한 닭의 주장 · 38
지나가는 자리 · 40
덜커덩 지리 잡는 봄의 소리 · 41
만만다행인 오늘 · 42
공시족 유전流轉 · 43
무명 고찰 스케치 · 44
비린내의 몸부림 · 45
딱 보니 알겠군 · 46
팽이의 기분 · 48
오동나무의 노래 · 50
혼자만의 상상 · 51
애련한 난초 · 52
고장 난 워크맨 · 53

3 첫눈 흐르는 카페

한여름 랩소디 · 56
빨랫줄 · 58
가로등 아래 · 59
첫눈 흐르는 카페 · 60
정자와 어울리는 폐가들 · 61
위학재僞學齋에 앉은 달빛 · 62
저만치 온 계절 · 63
반야월역 앞에서 · 64
탑돌이 · 66
패전 일기 · 68
담백한 식탁을 위하여 · 70
어디 계세요? · 71
미켈란젤로의 봄 · 72
반항을 위한 열정 · 74
한 움큼의 그놈 · 76

4 천상에 사는 유리구슬

우수雨水 · 78
천상에 사는 유리구슬 · 80
한여름 밤의 몽상 · 81
간월암看月庵 · 82
동백 · 84
한 여인 · 85
난을 치다가 · 86
날씨를 논하다 · 87
뻐꾸기 우는 날 · 88
고단한 청춘 · 90
수채화 굽기 좋은 날 · 92
단풍 유희 · 94
슬픈 구휼 · 95
성냥팔이 소녀 · 96
요즘 세대 · 98
시월 단풍 · 99

|해설| 가벼움의 시학, 그 즐거운 시의 먼 곳
신상조 · 100

1
그리 보지 마오

정기억, 〈오후의 산책〉, 2022, 수채, 51×36cm

달, 낮의 지배자

태양이 얄망궂게 닦달하네요
어저께가 보름이었는데, 벌써 밤에서 나가라니요
이제는 나의 동그라미까지 뭉갭니다
이래서 보름달 아래서 늑대가 우는 겁니다

밤은 나와 짝꿍이라 아주 이별할 수는 없지요
달포 내내 내가 나타나지 않으면
촛불 찾아 기도하는 달맞이꽃들이 생깁니다

태양 등살에 조금씩 작아지는 건 괜찮아요
혹 사라지더라도 곡진하면 다시 보름달이 되거든요
가즈럽지 않아 지구보다 작은 내가
저 큰 태양과 같아 보이는 겁니다

작아지고 커지기를 반복해서
보름달이 될 때마다 뒷귀가 생겨요
사람들은 낮 동안 벌어질 못마땅한 일을
나에게 빌어 바룹니다

첫눈 내리는 날

검은 밤하늘에 별을 그리면 흰 눈이 되고
별과 함께 하얀 눈썹을 붙이는
벌써 섣달그믐 즈음

첫눈인지 아닌지
이제라도 세어보자
내리는 눈발에서
눈송이가 몇 개나 되는지

행여 오는 도중
바람에 실려 뒷산으로 간 건
또 몇 개나 되는지

오는 눈보다 뒷산으로 간 눈이 더 많으면
마을을 지나가는 바람을 남김없이 모두 잡아
어귀 당산나무에 꽁꽁 묶어 두고
아침저녁으로 지나면서 타이르자
두 번 다시 첫눈을 데려가지 못하게

눈이 펑펑 오는 날을 기다리는 이들에게
우리 동네에도 첫눈이 온다고 말할 수 있게

오두막의 독백

나도 한때는 지도상에 있었다
시청 장부에 흔적이 있을지는 몰라
무허가였거든
경지 정리하는 날
출가해버렸지

나를 의지하던 외아들과 홀어머니
지금 어떻게 사는지 몰라
아련한데
막걸리는 알고 있으려나

이매마을 들 한가운데, 아니 외로운데
방 한 칸, 부엌 반 칸 지쳐있는 초가에
꿈 하나가 살았다네
선술집 등불처럼

창백한 달빛 아래
(매일 그랬다네 달빛이)
한 평 남짓 방 안
반달이 딛고 선 봉창은 하나인데
동네 꼬마는 셋이었지

그날은 아마

막걸리에게 묻지 않아도 나는 다 알아
그날은 보름달이 아주 고왔지,
유난히도
내가 허약해 흔들리는 벽체 사이로
아이들 웃음소리가 새어 나오면
달빛이 찾아 들어 같이 놀았는데
동지 바람도 따라 들어왔지

걔 엄마는 서둘러
아궁이에서 따닥따닥 콩 타작을 했지
아껴둔 소깝으로

어느 날의 습격

　마당이 죽창의 공격을 받습니다
　척후병 하나가 먼저 망을 보더니 이어 동시에 서넛이 후드득, 침범합니다
　나는 곧 대규모 침공으로 대나무 숲이 될 것으로 대번 눈치챘습니다
　마른 땅에 죽창이 여럿 꽂히면 흙냄새가 확 올라옵니다
　텃밭의 상추 심장 한가운데를 노릴 것 같습니다
　전후戰後 상추의 품귀 현상을 불러오는 심각한 경제 상황이 걱정됩니다

　이번 전투의 승리를 위해선 명쾌한 전략이 필요합니다
　블레셋 군대의 골리앗을 물리친 다윗의 지략 같은 게
　얕보는 골리앗을 향한 다윗의 전략
　"신의 이름으로 싸운다"
　다윗의 전략은 별거 아닙니다 무릿매 돌팔매질입니다

　새총으로 물리친 지난해 전투가 생각났습니다
　기마병이 침공했습니다
　이웃집 강아지의 어미와 갓 태어난 네 아들, 천진난만이었습니다
　아껴둔 부드러운 상추 잎과 줄기를 통째로 부러뜨렸습

니다
 채소밭이 아니라 쑥대밭이 되었습니다
 전투에는 승리했지만 상추는 맛도 보지 못했습니다

 다윗처럼 일단 천지신명님께 이번 전투에서 승리를 빌어봅니다
 보초로 평소 유튜브 방송용 카메라를 상추에다 초점을 맞추면 전 세계 시청자들의 눈이 상추를 지켜줄 것입니다
 공격용 무기로는 이번에도 새총을 준비합니다 지난해에 승리를 가져다준 첨단 무기입니다
 마당의 평상을 방패로 대기시켜 둡니다 평소 감나무 밑에서 빈둥거리던 것입니다 텃밭이라 이 정도면 충분합니다

 이번 전투에선 반드시 승리해야 합니다
 내가 상추를 제일 좋아하기 때문입니다
 내가 상추를 제일 좋아하는 건 나의 태몽에 상추님이 등장하기 때문입니다
 이번 싸움에서 상추를 지켜내고 한여름 강한 백사장의 햇빛이 다시 부활하게 되면 상추쌈을 한입 먹기를 기

대하며 만반의 준비를 하고 기다립니다

  마당에 억수 같은 죽창이 뿌려집니다
  공격은 장난이 아닙니다
  예상했던 대로입니다
  준비한 전투 수칙대로
  첫째, "오! 천지신명님이시여 우리에게 승리를"
  둘째, 새총을 들고,
  셋째, …

  그런데 웬걸,
  평상을 들 새도 없이 전광석화같이 전쟁이 끝났습니다

달맞이꽃*님

  한 농원에서 암사자가 가출했다 신고를 받고 경찰은 시민과 함께 사자 위치를 파악하는 중에 있었다 안전 안내 문자는 사자 가출 사실을 알리고, 위험하니 인근 주민들이 관심 갖고 발견 시 신고 바란다고 안내했다 사자가 가출한 장소 근처에는 운전도 주의하라는 문자도 보냈다 시민과 합동 수색 중 이날 오전 덤프트럭에 의해 사살되었다 뉴스에서 가출한 사자는 농원을 인수한 주인이 다른 농원에 보내려고 했으나 받아주지 않아 키우고 있었다고 말했다 가출이 아닌 탈출한 사자는 비쩍 마른 몸으로 나이는 많은 것 정도로만 알려졌고 농원으로부터 20미터 정도 탈출했다고 밝혔다 사자가 탈출한 농원은 지난해 당국으로부터 치매 요양센터로 지정돼 운영을 시작했다고 한다 삼가 고인의 명복을 빈다

    * 꽃말은 무언의 사랑

꼰대

맨드라미 흐느적 구름 그리는 계절
하늘 구름 한 쪽이 산문山門에서 나왔다

근본 없이 배운 이성이 등대가 된 듯
수채화구에서 기어 나온 철 지나 고집 센 노래들
이름 모를 넝쿨이 떨린 건 본능에 충실한 사랑이라고
어둠 실은 노래는 오래된 카세트처럼 반드시 음陰이 늘어진다나

새털처럼 은은한 붓질에는 정겹다가도
맑은 코발트블루에 덧칠한 크레용은 뒷배가 있다는 둥

하늘 비 먹구름이 연지처럼 빨갛더라도
야만스럽지 않은
바라밀인 줄도 모르고

동시를 읽다

휴일 아침

누룽지 죽으로 늦잠을 변명하다가

얼굴이 화끈거려 서둘러 나왔네

봄바람이 둘러앉아 북적대는 양지쪽

꼬물대는 애기똥풀의 분 내음을 맡았네

정오 바다 물빛의 정체는

하늘 열어 태양비가 줄줄 내릴 때
비 맞으려 촉수가 발기한
은빛 날개 퍼덕이는 갈치 떼거나
내일 기약만 가득 싣고 돌아온 어부가
막걸리 한 잔으로 피로 풀
꽁치구이의 맛난 은비늘이거나
바다 표정도 못 읽는 나이에
고향을 떠나야 하는
어린 은어의 골난 눈빛이거나
객지를 떠돌다 갓 귀향해
새까맣게 그을린 유년을 보듬는
연어의 눈물이거나
아니면
어젯밤 설익은 호기심에
바다로 내려온 별들이
처음 본 태양을 향한 열광이거나
절박한 후손 기도에 응답한
어느 가문 조상신인
참다랑어의 빛나는 후광이거나
바다가 툭박진 물빛을 길들일 때
바람과 힘 겨루다 삐죽삐죽 올라온

땀방울이거나
육이오 때 백상아리에 쫓겨 피난 내려와
바다가 보이는 언덕배기에 터 잡은
청어 떼의 억척일지도
이도 저도 아니면
첫눈을 뒷산으로 날려 보냈다고
억울하게 마을 어귀 당산나무에 꽁꽁 묶여* 있다가
탈출한 바람이 일으킨 반항일지도 모른다

모년 모일 어느 포구 부둣가 목맨 타이어 한 짝이 외로워 보이는 날 정오 자지러지게 동공이 확장된 사내의 낚싯바늘이 평면 유리 위에 쪽, 하고 한가로운 물빛을 울게 만든 그날 일이다

   * 13쪽 '첫눈 내리는 날'에서

파에톤*의 눈물

해 질 녘 강가에는
겁 많은 노을이 있어
거슬러 오르는 구름 타고
미끄러지듯 조용조용 가야 한다

붉은빛에 취한 하루살이
허공을 띄워 살랑살랑 물빛을 탈 때
달달하게 농익는 하루

먼 곳부터 매달려 따라온 향수조차 잊은 숭어 떼
지는 해 즐기려 고개를 내밀면
강 위에 엎드려 울기도 하고

밥 짓는 마지막 굴뚝 연기 강 따라 떠내려가
아이들 마지막 물수제비 총총총 뜨다 보면
이승에서 저승으로 대물림되는 노을

또 하루 무채색 강
구름이 물길 따라 흐르는

찰나의 순리

* 파에톤Phaethon : 태양신 헬리오스Helios의 아들

설익은 청춘의 마음속

  만나기로 한 날, 바람이 단단하게 불어 오늘 기어이 헤어질 듯한 분위깁니다 만났다 헤어질 이유가 하나 더 생겼기 때문입니다 한 번도 만나보지 못한 이상야릇한 상대와 오늘도 꽃 보듯 하다 헤어집니다 어제도 만났다 헤어졌습니다 만났다 헤어졌다가 주말 이른 아침을 카페에서 다시 만납니다 또 헤어집니다 자주 가서 만났다가 헤어지는 카페를 만납니다 그 곳 조명 향기는 아름답습니다 둘이 같이 그 향기와 만납니다 향기 색깔은 일치합니다 입구 문에 달린 풍경소리가 향기롭습니다 같은 시선이 만납니다 그 소리 진동수도 같습니다 서로 쳐다봅니다 설렘이 만납니다 헤어질 이유가 없습니다 창밖으로 잠깐 멍을 보냅니다 멍에 대한 생각이 다릅니다 멍은 멍인데 하나는 멍멍입니다 글자 수가 다릅니다 굉장히 중요합니다 미숙한 청춘들이기 때문입니다 헤어집니다 긴 침묵 속의 짧은 눈웃음이 만났다 헤어집니다 긴 침묵으로 헤어집니다 이유를 모르니까요 연이어 짧은 눈웃음이 오고 갑니다 다시 만날 충분한 이유가 됩니다 이별의 아픈 상처, 그 달콤함을 느껴보려 호기롭게 만났다 헤어지기도 합니다 오늘도 청춘은 설렘과 만났다 설렘과 헤어지고 밤과 만났다 헤어집니다 잘 가 안녕, 하고 헤어집니다 안녕 잘 가 이별인가 해석이 너무 어렵습니다 괜한 근심과 만납니다 아침이 되어 지난 혼란스럽던 밤과 헤어집니다 미숙한 청춘의 미숙한 생각에 담긴 미숙한 이야기들, 청춘이 무르익을 때까지 만났다 헤어집니다 오늘도 자정이 다가오도록 설렘으로 헤어지지 못하지만 청춘의 덜그럭거림과 만납니다

시대 법정

서부 개척은 침략이다
시대 철학이란 건 위장된 탐욕이다

인간이 넘어뜨린 자연섭리로
갈 곳을 잃은 건 야생이란 이름의 우리고
탐욕스런 너희를 닮지 못한
미련한 족속이란 비난은 당연한 거고

우리 세상을 위협받는 순간에도
인간이 못한 충실한 생식 본능은 잘한 일이다
장대한 행렬 된 건 어쩔 수 없는 일이고

행렬 꼬리가 너희를 침공했단 건 인간 입장이고
야생 이름으로 보복한 건 비인간적이지

세상 향해 꽥꽥 장송곡 올리며
내달리는 멧돼지
우리가 지성이다

안개꽃

앙증맞은 순백

저리 수줍게 노래하면

누구나 반해도

하얗게 감춘 속내

누가 봐도 철벽인데

그리 보지 마오

왜 그러시오

귀양 상소

이차저차 해서 잠시 제주에 머무는 친구한테서 단톡방에 사진과 함께 근황이 올라왔다

"허구헌 날 구름 끼어
글루미하요
나 집에 갈래~~

일주일 만에
멍뭉이 끌고 나온
이웃 아줌니 만났고
한 달 만에 만난 할매
서울 가서 친구들
만나고 왔다고

도수 있는 소주 한잔하미
친구하고 수다 떠는 기
젤로…"*라고

"너스레에
　내가 속아준다

〉
　아이고 우야노
　석우** 불쌍해서"

라고 너스레라 했지만 진짜 그렇단 걸 안다

며칠만 더 있으면
바닷물을 소주로 바꾸는
도술을 부릴 줄 아는 친구다
그때 제주도 귀양 상소 올려야지

　　* 2024.1.15 15:57 친구가 올린 톡 문자 전문
　　** 석우石盂는 절친 오인택

팔공산 산 부엉이

갓바위에 오르는 보살이 부처다
기억에도 없는 울음소리만 듣고도
번뇌는 놔두고 삭발만 한 걸 단박에 안다

마음이 낭자한 혈흔만 가득 차
더 들어갈 공간도 없고
나올 법문도 없어
매일 밤 화엄화엄하며 운다는 걸

울다 지쳐 보름달 비틀어 가부좌 튼 곳
산안개가 아침마다 탁발을 가도
마중할 염치도 없다는 걸

손가락 살라 공양도 하고
다람쥐 도토리 줍듯
하나 둘 길운도 모으려
빈 산 깊숙한 곳에서
밤마다 운다는 걸

슬그머니 하염없이

그 이후로 못 봐 눈은 퇴화되고 콧대가 섰다

희미해져 가는 연모에 새겨진 향기
먼지처럼 두툼하게 쌓인 애착 향기
밤새 킁킁이다 허기진 코

어젯밤 나의 별에는
또 샤넬 파이브*의 눈이 내렸다

오늘도 그 어디에도 찾는 향기는 없다
샤넬을 가장한 봄 이슬조차도

콧대가 사라지지 않도록
슬그머니 하염없이 하늘 향기 줍는다

　* 샤넬 no.5 향수의 애칭

어디에서 와서 어디로 가는지
모르는 바람처럼

어린 어느 날 어디로 가는지도 모른 채 우연히 산으로 갔다가 바람을 만났습니다 바람이 그리운 날이면 바람을 타고 하늘로 날아가는 꿈을 꾸었고 바람이 머릿속을 떠나지 않았습니다 생각 속에 생각은 바람이 지배하게 되었고, 입만 벌리면 무의미하게도 바람이란 단어만 나옵니다 그럼에도 불구하고 지금도 바람은 어디에서 와서 어디로 가는지 모릅니다 그게 바람인지도 모릅니다

2
오동나무의 노래

정기억, 〈봄날〉, 2022, 수채, 45.51×30.5cm

고추잠자리

날쌘 제비인 줄 누가 생각이나 했으랴
허나, 둥근 레이더를 가진 저 머리
번쩍하면 아이, 쿵 하면 빗자루
천둥번개로 알아내어
봉숭아 씨방처럼 튀어 오른다
그의 삶에서 한가함이란 곧 저주
매 순간 하늘을 접는 민첩한 근육의 무용,
짜릿하던 가을이 반쯤 희미해질 즈음
코스모스 스카프 하나둘 떠난 뒤에야
노숙하고 점잖은 신사가 된
환한 대낮 탁 트인 장독대
점점 짧아지는 햇살 느긋이 즐기다가
아기의 엄지와 검지 사이에
날개를 맡기는

어제 본 오늘과 내일

구워져 나온 배 터진 꽁치

싸구려 주점 와인

어울릴 곳 없는 참치

유난히 빨갛다는 립스틱

장수풍뎅이 지린 소변

골목 안 폐가

이승인가 저승인가

논쟁에 대한 닭의 주장

　진화론적으로 봐서 원래 한 종에서 출발했다고 치자
　지금은 같은 종이라는 설과 다른 종이라는 설이 충돌한다고도 치자
　그러나 엄연히 다르지
　너는 죽어 튀겨진 것을 말하지만 나는 살아있는 것을 말하지

　글로벌 입장에서 네가 우성이라 주장하지만
　문제는 언어학적인 데 있다고
　발음 굴림에 따라 잘 구별하기도 하지만
　어중간한 우량 인간은 치킨인지 키친인지 한입에 맛을 모른다고

　그래, 냄새에 뼈대를 둔 네가 더 맛있다고 한다 치자
　그건 얄팍한 맛으로 유혹해 입이 속아 넘어간 것일 뿐
　닭이란 학명에 익숙한 올드보이 종족도 있다는 걸 분명히 하자

　말이 더 필요해?
　너는 면벽수행하며 자라 와서 '선禪'한 맛을 중시하는
　틀림없이 전생에 스님이었다고 주장하지?

그치만 잘 알아야 돼
 너는 닭장 같은 집에서 갇혀서 살아온 거야
 나라는 족속은 자연주의적인 노자 유전자를 받아 '도道'의 맛을 알지
 비록 뒤안이지만 지렁이와 토론 배틀도 하며 자유롭게 살아왔고
 간혹 앞마당이나 마루에도 올라가는 자유로운 영혼이지

 좋아! 네가 해외파라고 주장하는 거
 그거 쿨하게 인정해
 나는 순수하게 온전한 국내파 백숙이라고!
 오일 마사지는 못 해봤지만
 계곡에서 맑고 시원한 물에 냉온탕을 맛있게 했다고
 좀 질기기는 하지만 탄탄한 근육질을 자랑한다고

 아! 물론 나도 너를 먹어 보니 양념도 맛있고 간장도 맛있어
 그런데 복날에는 고려인삼과 잘 어울리는 나를 더 품위 있게 봐

지나가는 자리

물푸레나무 가랑이 사이가 성글다

썩어 문드러진 가지

초록 이파리가 무너지는 오후

깔딱, 쉼의 갈증도 호사스럽다

달보드레하던 햇살은 이미 오솔길로 흩어지고

황조롱이 눈 분주한 샛길에

총총거리는 서두름

맵살스러운 겨울밤에도 여전히 같은 자리

집착은 아직도 요란하다

덜커덩 자리 잡는 봄의 소리

입춘을 바닥에 깔고 우수를 놓고
우수는 경칩을 쌓고
경칩 위에 춘분을 세워
차곡차곡 봄을 완성해가는 소리
점점 햇살 기름져 새싹같이 삐죽삐죽 해 길어질 때
살거덕살거덕 강아지풀 그림자 짧아지는 소리
몽글몽글 자라는 구름을 배경으로 두고
졸음 참는 반달의 도란도란 산책하는 소리
잔설의 허락 없이 얼기덕설기덕 자리 잡은 진달래꽃 하나
서로 견주지 않으려 곱실곱실 비위 맞추는 소리
구멍가게 안쪽에서 겨우내 두런두런 지내던 낡은 의자
삐거덕삐거덕 가게 밖으로 나오는 소리
지나가는 사람 요모조모 훑어보던 노파의 살짝 먹은 귀에
가득 찬 동네 개구쟁이들 헐떡이는 거친 숨소리
백목련과 한가로이 내외하는 외딴집 고요 속을 기웃거리다
덜커덩 자리 잡는 봄 오는 소리
해마다 타박타박 온다

만만다행인 오늘

새벽까지 보다가 접어 둔 어제
뽀로통해지지 않도록 조심스레 펼친다
어김없이 사라지는 지난밤 시놉시스
하루 중 부분의 부분인 분신 하나조차
깡그리 뭉개놓은 철 지난 노래들
양지쪽 창가에 모인
말라버린 그림자가 시간을 움켜쥐고
햇살로 변하는 요행도 여전히 힘겹다
탁자들 웅성거림을
하얀 냅킨 위에 토해낸 후
매달린 물방울보다 암울하게 움켜쥔
시푸른 인이 박힌 조약돌을 저만치 두고
커튼 사이 하늘이 먼저 나를 본다

공시족 유전流轉

겨울철 일벌의 할 일은
웅크리고 매일 밤새우는 일
눈이 녹았는지 궁금해서
겨우내 창밖 내다보다 눈이 머는 일
창살 넘을 예비 날갯짓도 없이
허기진 배 주려 잡고 빈 날개만 윙윙대는 일
이름 없는 들꽃 사이 이리저리 헤매다
철 지난 들꽃에다 빨대 꽂는 일
동네 어귀 천사의 집
황설탕 한 술로 허기 때우는 일
그리고 다시
빈방 차가운 문고리 잡는 일
길어질 태양빛에 인생 줄 걸어 놓고
높게 높게 그네 타는 꿈,
꾸는 일

무명 고찰 스케치

가늘게 끊어질 듯 이어진 인연 한줄기
요사채 굴뚝은 저녁공양 시늉으로 배를 채우고
화려했던 단청은 미색으로 노숙한데
와송을 인 법당은 묵언정진 중
홀로 선 촛불이 그린 그림자는
바람 따라 법당 안을 흔들고
금빛 가사 걸친 처사가 합장하는데
먼지 두른 부처는 내려다보고
등 굽은 노송 자락에 노을 걸리면
산바람도 마을로 내려가 적막할 뿐
암자 뒤편 노비구 노동요가 염불소리다

비린내의 몸부림

어시장 이야기가 묻어나는 앞치마 주머니에
하나하나 주워 담은 비린내가 있다

입이 점점 더 커져가는 아귀 고향이 어딘지
자랑스레 이야기하며
얼마나 더 짜야
희미해져가는 고등어 눈빛이 돌아올까
궁금한 표정으로

  시장통 인파들 과거 혹은 미래 색깔을 사유한다
  하루에 하루를 더한 구겨진 그림자가 장터에서 무슨
의미인지

  그날 저녁 앞치마에 두 손을 빌며
  늘어진 문어에게 질문을 던진다
  웬 팔자로 여기서 늘어지게 쉬고 있는가?

  더해진 얼음 사이로 다리 하나가 부르르 떨고 있다

딱 보니 알겠군

비울 줄도 모르고 내려올 줄도 모르는
오르기만이 인생 목표였군
야무지게 동여맨 등산화 보면 알지

분명 억울함이 발목을 잡았겠네
틈틈이 심장에 독을 길러
오르면서 들이킴 없이 크게 내쉬기만 하고
땅만 째려보는 걸 보니

돌계단이 묻는다
오르고 또 올라도 영 만족스럽지 않지?
내일 또 다른 산을 오를 거잖아

회한 가득한 배낭은 안다
짓눌린 김밥 한 줄에 생수가 더해지면
한숨 높이는 정상까지도 쉽게 다다른다는 걸

시간은 다음을 읽어내지
점심때가 되면 김밥 생수를
비울 줄도 알고

저녁때는 그제야
내려올 줄도 안다는 걸

팽이의 기분

따뜻함에 감춰진
엄격한 모성애의 마키아벨리즘,
교활한 제국주의자들, 주위에서 빤히 쳐다봐
이럴 때 긴장해서 해코지할 수 있다고 들었어
요 기분으로 돌지 않았으면 좋겠는데
그땐 먼 하늘을 보지
돌아버릴 때, 팽이 위에 내가 그린 무지개 보는 꿈 꾸어
학교 부근에서 태어나 학원 주변만 살았어
태어날 때부터 그렇게 진화된 것 같아
나에 대한 평가는 완벽한 원형과 돌아버리는 것
엄마 목소리가 노려보지 않아도 알아
준비됐어, 스스로 돌아버리겠어
항상 그렇게 돌아버린 날이고 싶은 건지는 몰라
내 기분의 빛나는 모호함, 완벽한 진화
나는 돌아버리고 싶지 않아,
돌
고
싶
어

뭐든, 강하거나 부드럽거나
그냥 돌게 할 뿐
크게 돌아버리다 자리 잡히면
서서 잠도 자, 어지러워
돌아버린 거지

오동나무의 노래

노랑나비 첫 날갯짓이다

오동, 울림의 천 년

거문고 위에 자고 있는 음표

살아있는 미륵이다

혼자만의 상상

창문을 열고
혹시 혼자 뒹구는 낙엽이 있는가 봐 주세요
차가운 바람이 불어와도 떠나지 않고
머물러 있다면
그대 일기장에 넣어주오
내 심장에서 넋 나간 녀석이라오
먼 후일 내 생각날 때마다
그날을 펼쳐 나인 양 추억해 주오
그때까지 아름답게 보인다면
나 역시 그대를 잊지 못하고
그리워한다고 생각해 주오
그립고 그리워 눈물 난다면
당신 손바닥 위에 고이 올려놓고 보아도 되오
혹 세월이 너무 흘러 눈물이 말랐다면
부서지지 않도록 고이 다루어 주오
난 눈물이 말라 부서질지 모른다오

애련한 난초

언제나처럼 미소를 짓는다
오늘은 약간 우수가 겹쳐진다
아무렇지 않은 듯 짓는 눈웃음에
눈가 주름 하나가 더 보인다
화장은 들떠 있고
발그레한 립스틱 입술에 보랏빛이 감도는 걸
가끔 먼 산도 쳐다보다가
이내 눈을 돌리지만
그 시간이 조금씩 길어지고 있다
간간이 숨죽이는 짧은 한숨이
이내 긴 한숨으로
마른 침도 삼키고
꽉 다문 입술로
고개를 떨구고
잠시 머물렀다가
이내 소매에 얼굴을 묻고
어깨가 들썩이는

고장 난 워크맨

　먼저 선창하게 된 봄비가 신이 났다 프리마돈나처럼 봄 봄 봄 하는 소리를 녹음했다 ▷를 누르면 나오는 소리 추적추적 빗소리만 쏟아내는 시샘 소리 멋을 한껏 재는 여름 주인공 매미 노랫소리는 민소매 매력을 맛깔나게 해주는 토핑이다 그 천상의 음을 담아 ▷했다 무더위의 끈적한 땀을 토해내게 하는 그냥 우는소리 바람이 낙엽을 굴리는 소리가 수상해 샤각샤각 뒷발 들고 쉬쉬하는 가을바람을 붙잡아 누른 ▷ 버튼, 온통 쓸쓸한 아우성에 벌써 귀가 시리다 한겨울 눈이 펑펑 온다 풍경의 진수는 온 세상이 하얗다는 것 눈 오는 소리를 소복소복 담아 ▷를 눌렀다 군소리 없이 깔끔하게 조용하다 고장 났다 봄부터 겨울까지

3
첫눈 흐르는 카페

정기억, 〈시선〉, 2019, 소묘, 43 × 28cm

한여름 랩소디*

고요만 남은 시골집
모기는 산다
한 번도 귀 언저리를 떠난 적 없는
줄곧 여름임을 알려주는 소리
유치원 손녀의 바이올린 연주일지도 몰라

계곡에 터 잡은 바람
그 바람을 타고 바위 사이를 서핑하는 물소리와
장단을 맞추는 새소리
재즈 카페에서 우연히 만난 두 남녀가 사랑에 빠져 즉흥 연주하는
피아노 이중주일 거야

나뭇잎 사이로 쏟아져 내리는 강한 빛줄기
그 사이를 맴도는 매미 울음
하늘에 계신 어머니가 그리워 쏟아내는
애절한 사모곡이지

더운 열기가 코끝을 자극하는 논길
익어가는 곡식에 쏟아지는 햇빛을 시샘한 듯

갑자기 쏟아지다 마지막엔 한 방울 "똑"
떨어지며 그치는 소나기
알레그로로 시작하여 아지타토,
라르고에 이어 서서히 모데라토,
칸타빌레로 노래하듯 흐르다가
프레스토로 다시 몰아치고
삼화음으로 "좡~"
마무리 짓는 쇼팽의 즉흥환상곡이야

한여름 고향집 평상에 누워
이 오케스트라를 듣고 있는 나는
중세 어느 귀족 자제였던 한량인 게지

　　* 랩소디 : 관능적이면서 내용이나 형식이 비교적
　　　　　　자유로운 환상적인 기악곡

빨랫줄

본분은 팽팽하게 겨루는 것
글래디에이터 기본 폼으로 칼날을 하늘에 주욱 그었다
파랗게 흥분한 하늘 긴장된 경기장은 흡수율도 좋다
떡하니 받치고 선 높다란 창끝에 고상한 고추잠자리의 참관을 상상하며
그냥 그곳에서 태양이 줄줄이 걸려들기를
미세한 바람의 꿈틀거림이 있으면 더 좋다
소나기가 방해하지 않는다면
날씨와 때를 감안하면 행복이 걸릴 때다
용감한 장남 막 시작한 축구가 중앙 돌파하다 걸리고
이틀 걸러 한 번 갈아 신는 구멍 뚫린 양말에서
고개 내민 막내 개구짐이 걸린다
늦은 저녁,
함께 못 한 아버지 고단한 하루도 걸려 준다

가로등 아래

어두움 속 술 냄새가 어슬렁 나타난다

비친 유리창에 유행가가 보이고
텔레비에 초대된 연예인처럼
뭇시선도 즐겨준다

집사람의 뽀루퉁한 입들이 비추기 시작할 때
벌써 전봇대 옷걸이에 분신을 걸기도

이성이 사라진 골목
알지 못할 언어들은 아침으로 달려가고

독백들은 경쟁하듯 불빛 아래 매달린 채
정거장엔 고개 숙인 나를 보는 고양이가 있다

첫눈 흐르는 카페

하얀 별이 새침한
밤

음악이 벙그는
창가

마음이 들떠 흔들리는
백열등

아무 말 없이 이글거리는
눈빛 한 입

정자와 어울리는 폐가들

마을이 자랑스러운 등 굽은 소나무
천 년 동안 지켜보던 장군석
낯선 달빛만 가득한 마을을 물끄러미 바라본다

문살 사이 도란도란하던 불빛들
출향한 지 오래
할미 등에 살던 손녀 웃음소리
아련한 눈물 따라 흐르고
골목마다 조신하게 분신을 남기던 강아지
유모차를 탄다

새 종부 고운 손에서 분향 맡던 손거울
박물관 냄새에 비명을 지를 때
동네 곳곳을 돌아다니는 폐가들이
시인 묵객이 머물던 정자와 어울려도
침묵하는 마을

난파된 입향조 마을은
탈색된 백지 비문에서 과거를 읽어야 한다

위학재偽學齋*에 앉은 달빛

반달을 쳐다보는 반쪽 달이 있다
창가에 내려앉은 달빛은
석양이 묵상하다 잠시 내려둔 것
철 이른 바람은 동짓날 새초롬 달빛을 닮았다
하늘에서 달을 찍어내려 창가에 묶어두려다
반달이라 그만둔 적 있다
밤새 앓았다
전설 속 늑대가 달을 부르는 날부터
밤마다 달빛도 함께 버무려
새 생각을 토해내던 창가
어두울수록 달빛에서 향내가 났다
밤 새워 논쟁하던 어둠이 슬그머니 꼬리를 내릴 때
책상 위에 뚝뚝 떨어진 신선한 사상이
백지로 착색되더라도 편안한 창가
바람이 불 것 같아 달빛이 창가에서 머뭇거리는 날에도
산 기운은 해 질 녘에 더욱 아름다운 것**
그 기운은 오롯이 나에게 내린 것

* 경주대 교수연구실 당호
** 도연명 시 중에서

저만치 온 계절

늘 가는데도 내비는 켠다

지름길 놔두고 등나무 등걸 돌아가는 개미
아직도 진중하다

어제는
갈바람에 도토리 두 알 떨어졌고
오늘은
서릿발은 아직인데 상고대 섰다

참새 한 쌍 처마 끝에 늦은 둥지 틀었다

반야월역 앞에서

이름에 대해서 안 궁금하다
가수 이름일까 지명일까는
다만 보름달이 아닌 한밤의 달이란 게

달이 비추는 풍경, 시적 로맨티시즘,
멈춘 지 오래되어 색이 바랬지만
아름다운 시들은 이미
무수히 탈고했다더라

누아르에 심취한 늘보를 본 적 있나
짙어진 고뇌를 새삼 각인하며 달려본 적은 있나
어느 아름다운 곳에서 환상적인 르누아르를 토해내 본 적은
힘에 부쳐 토해내는 검은 숨과 긴 여운의 소리도
무수한 시어와 노래로 대합실에 쏟아내었다, 그는

원래, 무색의 밤 검은 무덤에
노래하는 나비들이 알을 품고 있다가
음유가 무르익은 시인이
푸르스름 달빛 날 찾아오면
시가 되어 나풀나풀 날아 나온 것처럼

〉
밤을 사랑하는 어떤 나그네가
대합실 문을 밀고 나올 때까지
지금 그대로 무표정하게 있다가
기적소리 울리는 순간 다시 날자

장르는 단 하나, 로맨티시즘
탈색된 기억을 지우고
달빛 속에 떠도는 나비 노래만
시어로 떠오르면 되는 거지
다시 시작하면 되는 거지

탑돌이

  여명이 동창을 향해 돌진해 오기 오래전
  부재투성이가 마당을 쓴다
  차담 전 찻잔을 곡진하게 닦을 때처럼 격조 있게 심오하게
  새파란 날 선 심정을 가슴에 새기듯 하나둘 사리를 빚으면서
  한 아름 빛이 가장자리로 길게 엎어질 즈음 가끔씩 멈춰 서서
  건너 숲속 어둔 그림자를 멍하니 쳐다보는 순간이
  모여진 기운이 바람에 흩어져 사그라진 가슴앓이 순간이 되고
  한 번 깊은 호흡 뒤에 숨어 빠져나간들 어쩌랴
  바람에 대한 낙엽 응대를 바라보는 정념의 시간
  사소함에도 끊임없이 흩어지더라도 다시 모이기를
  천명에 거슬리지 않기를
  어쩌다 적막함까지 쓸어버리거나 헝클어진 타래가 어깨를 짓눌러도
  새벽마다 공덕을 주워 모으는 이 기분이 쭈글스럽지 않기를
  겨우 맑아진 미련 위에 강렬한 햇빛들이 점령군처럼 기세를 올리더라도

뒷짐 지고 팔자걸음으로 한번 걸어보고 싶은
마당이 점점 수행해야 할 선방禪房이 되더라도

패전 일기

모년 모일에 전투가 있었다
담장과 지평선 사이, 전장에는 아직 봄은 포연만큼 아득했다
수은주가 꽁꽁 묶었던 개울을 푸는 악동들 재주는 관운장이었다
손으로 발로도 모자라 입으로 재잘거리며 풀었다
하늘 찌르는 전의, 털모자는 증발한 지 오래였다
칼바람 반격은 집요했다
코끝 양 볼 두 귀까지 이미 붉게 물들 만큼 처절했다
물러나면 악동이 아니라서 피의 흐름도 보였다
빨갛게 언 맨손으로 얼굴을 한 번 감싸 전의를 올렸다
꼬질꼬질한 깃도 세웠다
양지쪽 담장에서 방천 둑으로 달렸다
좁은 논둑을 따라 빈 들을 지나 달리고 달렸다
머리에서 연기가 났다
아무것도 문제가 되지 않았다
승리를 확신했다
왁자지껄 승리 축제를 준비했다
얼음 밑에 보이는 패잔병 피라미를 그냥 둘 리 없다
저놈 구워 축제 제물로 삼자 했다

얼음 숨구멍도 있다는 것도 알았다

그놈 함정도 문제 되지 않았다

이번 전투도 승리하고 싶었다

전투가 치열했다

복병이 나타났다

방심한 발이 시냇물의 포로가 되었다

물고문에 양말은 흐느적거렸다가 이내 굳어갔다

주리 튼 발목 아래는 피로 물들었다

개선가는 사라졌다

모닥불에 양말을 구웠다

담백한 식탁을 위하여

밤이 하얗도록 베틀에 앉아
어둠과 별과 바람을 엮어
시를 짜고 난 다음 날 아침
어김없이 턱을 괴고 눈알 굴리며 요리를 한다
교정 은행나무 고목에 붙은 잠자리 눈알처럼
눈 찡긋 입 삐뚤 심각한 표정도 짓고
통원목 도마 위에 썰고 다지고 칼춤을 추면
잔뜩 긴장한 글감들
가지런히 제 모습을 갖추려는 듯
꿈틀, 운율도 타려 하고
온갖 세상 모아
요리사의 멋진 맵시로
소금 꿀 후추 레몬을 뿌리면
싱그럽고 새콤달콤한 시어도
얼추 그럴듯해 보이지
아껴둔 접시 위에
결 고운 소리들을 나열한 후
담백한 맛을 위해
고운 채로 다시 한번 걸러내면
남는 게 하나 없는
몽롱한 아침

어디 계세요?

어둠이 뒷산에 숨어
호롱불을 노려봅니다

달걀귀신이 숨은 뒷간도
스멀스멀 기어 나옵니다

밤길 무서워
어린 누이 손을 꼭 잡아
아프게 한 나입니다

이제 겨우
어둠을
등잔불 아래 두고
볼 수 있습니다,
어머니

미켈란젤로의 봄

동장군이 패배로 끝났음에 틀림없다
봄바람이 슬슬 몸 푸는 걸 보니
준비체조는 심장보다 먼 남쪽부터

남녘 계곡물이 산소를 실어 나르면
눈이 산꼭대기로 밀려나고
산과 들의 준비 운동, 봄바람이 지천이다
바싹 마른 가지까지 연두 피가 돌 때
막 돋아난 초록들이 하나둘 볼록이고

비기녀의 근육 사랑은 용감도 하다
잠도 안 자고 둘레길로 걸어오다
국토종단 울트라 코스까지

자랑할 틈도 주지 않고 근육이 생겨
초록 넘어 녹색으로 불뚝불뚝 일 때
멀대 같던 미루나무 대퇴근이 하늘 찌른다

숨 가쁜 바람에 녹색 피가 달아올라
세상이 붉게 탈피하고
그 바람에 너도바람꽃 나도바람꽃,

홀아비바람꽃은 덤이다

천지사방에 쳐둔 각시거미 봄 광란에
봄 안개 걸리면 안개꽃도 되고
무덤가 언덕배기 제비꽃
길어진 햇살, 짧아진 노을에
보라꽃도 피운다

온 산하가 절정에 나른해질 때
근육을 흥분시킨 봄비는
여름을 받아들일 마지막 마무리

봄은 피렌체의 다비드다

반항을 위한 열정

장발들이 찾아드는 어둠이 내려오는 계곡
모닥불이 열광하면 덥석 기타가 요란을 떤다

그침 없음이 외줄을 타고
줄 위 생각들은 줄줄이 쏟아낸다
애절해야 할 노랫말이 마음만 급해지면
꿈결 같아야 할 순간 방황도 하고

사그라져 가는 청춘에 열정을 넣고
감정을 절제하여 음밀하게 누르고
고수高手의 추임새로 줄을 튕기면
모닥불이 줄 위에서 춤을 춘다

첫 소절 지나 둘째로 번지면
불기운에 상기되어 감미로운 빛 가루를 뿌리고
출렁이는 가락이 가슴속을 파고들어 휘돌아 나가면
저절로 박자가 들어맞아 줄줄이 음표를 쏟아낸다

비틀거리는 첫사랑 전주로 시작해서
가슴속에 허둥대는 애절한 사랑, 탱고가 되고
터질 듯 흔들림, 뒤집으면 재즈

변주곡 한 마디에 매달린 절정, 줄 하나가 끊어지면 록
가쁜 숨 몰아쉬다 한숨 돌리면 발라드다

청춘의 열정은 번개와 천둥에서 이슬비까지
모닥불에 내린 비는 눈으로 변했다가 가을이 되고
봄이 내려앉은 오솔길, 따라 걷는 시내, 그 위에 폭풍우
의 계절

열정은 언제라도
뒤틀린 시간을 곧게 펴서
모닥불 홀로 기타를 친다

한 움큼의 그놈

소리 없는 암자
오늘을 밟는 이 아무도 없고
노승은 머리카락도 없다

무심한 해풍에 반쯤 남은 깃발처럼

대웅전 추녀에 묶인 듯 이어진 긴 법문의 흐름 속
사라진 듯 또 보이는 번뇌처럼

허리춤 잡고 질질 따라오는 바랑 속에
한 움큼의 그놈이 있다

4
천상에 사는 유리구슬

정기억, 〈시종공부〉의 일부분, 2024, 서예, 200×75cm

우수 雨水

팡파르가 울리면
눈이 녹아 비가 되어야 할 차례

훅, 영혼을 불어넣어 따신 기운을 살리고
하늘을 향한 싹 하나 방아쇠를 당기면
나무 풀 아이 호미 할 것 없이 내달리지

간혹
밤늦게 귀가하는 동장군의 위압감에
윗목 놋그릇 물이 긴장도 하지만
아이들 눈에는
이곳이 산인지 들인지 안방인지 구분이 안 되고
겨우내 충직했던 외투가 변방으로 유배를 당하지
아버지는
아랫목에 묻어둔 궐련을 꺼내 물고
논밭을 거닐면서 계절이 내어놓을 신상품을 생각하지

삽질 하나 낫질 두울 기지개 켜면
겨우내 처마 끝에 매달려 있던 씨앗들은 발광을 하고
외양간의 등이 근질근질한 늙은 암소는 주인을 부르지

〉
애벌레 나비 산새 빛의
소란스러운 축제가 절정을 향해 내달리면
깊은 잠에 빠져있던 개구리가 드디어 가세를 하지

천상에 사는 유리구슬

천상에 사는
별똥별 하나
지구별 등불 유혹에 취해 내려오다
어둠을 만나 내외한 끝에
밤새 사랑할 틈도 없이 사라졌다
분홍 솜사탕을 좋아하는 여자
세상을 너무 일찍 안 여자
모든 유혹에 약한 여자
열녀문 뒤를 돌아가는 여자
눈물로 반짝이는 유리구슬 됐다

한여름 밤의 몽상

더운 밤 창문을 열어 하루살이 대이주로
우리 동네 인구가 얼마나 느는지 생각해 보자
때 이른 태풍에 실려 온 비바람을 피해
한 오천이나 왔으면 좋겠다

하루에 한 번 오는 마을버스
케이티엑스역행 셔틀버스
유럽여행 광고
모두가 그림의 떡일 뿐이라 하더라도
가끔은 뒷산에라도 가는 비행기 편이 있었으면 좋겠다는
의견도 제시도 해보고

행여 한밤중에 우리 동네에 이사라도 올
한 마리의 하루살이를 위해
야광 표지판이라도 세웠으면

간월암 看月庵

잃어버린 달을 찾아 천삼백 년 넘게 떠돌던
이태백은 살아도 보름달이 없다
닳아버린 술잔 모양의 초승달만 있을 뿐

숨 쉬고 입만 열면 술 향기와 시어, 신선만 나와
파도 소리와 갯내음 사이 그 어디쯤 졸고 있는 풍경
소리

곱게 기운 장삼 걸친 비구니처럼
빛바랜 단청, 단아한 암자
청련거사 찾아 법당 문 두드리면
달 보는 이백 대신 소리 보는 관음이
달은 법당 앞 등 굽은 노송 어깨에 쉬어갈 뿐

단세포처럼 단출해도
뒷산에는 시선이 사는 산신각이 있어 달빛이 찾아
오고
용왕이 사는 임수에는 물결마다 어슬렁대는 달빛
부처님과 셋이서 우러러 달을 초대하는 곳

〉
이곳에서 태백은
찾는 순간 사라지고 없다

동백

한줄기 바람에도 초점이
흔들렸을지는 모를 일이다

머리를 돌돌 말아 비틀어
한 방울 떨어지는 사소한 과오도
방 안 가득 펼쳐 놓아
졸고 있는 밤을 끝까지 문간에 세워놓고
아침까지 빨간 눈으로 가지에 매달린

때아닌 폭설에도 아무 일 없던 것처럼
아무 일 없었다 아무 일 없었다 가지에 달려
여전히 건장한 잎들 사이에서
붉은 볼로 우아한

공포와 회한을 간직한 채
아무도 모르게 눈물을 달고
스스로 땅에 떨어져 자유를 얻고 싶어
눈물처럼 후드득 지는*

* 송창식 '선운사' 노랫말 중에서

한 여인

커피
너란 족속은 뭐니?

너에게서
젊은 날
오월의 향기가 나

난을 치다가

찾아오는 이 없는
요 며칠 동안 카페에서
게으름으로 한껏
멋을 부렸다

아직 커피향 여운이
남았는데

햇살 은은한 날
아침 창가로
그가 찾아왔다

어이쿠
이게 누구신가

날씨를 논하다

찌푸린 하늘은 곧장 쏟아질 듯 격앙되고
영문 모를 기상 이변을 이해 못 해
우산을 들었다가 놓았다 한 적 있지
태연한 척하지 못하고
맑던 아침 하늘에 천둥을 그으면서
빗줄기를 낭창하게 걸칠 때
날씨가 그럴 수 있음을 왜 몰랐을까
서성이던 명품 숍에서 이성이 감성을 지배할 때
감성이 이성을 다스렸어야 했나
어제저녁 노을을 나란히 바라보며 쉰 숨과
지금 이 순간 쉬는 숨은
산소 포화도가 다를걸
전설 속 두꺼비 입김만큼이나 독성 있어
지금 한 번 내쉬면 치명적이었을 게야
그냥 소나기를 오게 두고 우산을 들어야 하나
이변을 대비해 감성을 길러야 하나

뻐꾸기 우는 날

뻐꾹뻐꾹, 뻐꾸기 운다
전생에 곡비哭婢였을지도

쉰 목 풀러 심장 반 근 끄집어내
주막에 맡기고

오래전 밀봉한 시간 속에서
자신을 찾는 날

경신 대기근 때 그렇게 울어대더니
전설이 되었다
천상에서 부르는 노래라고

이 산 저 산, 하고많은 산 다 두고*
뒷산에서 뻐꾸기 날면
한 많은 인생살이에도
훠이훠이, 시어머니 운다

세상사 그믐밤
무심한 뻐꾸기

뻐꾹뻐꾹, 뻐꾸기 운다

  * 이광수 「뻐꾸기와 그 애」 중에서

고단한 청춘

도심에 반달이 탁란되었다
붉은 하루를 닫는 깨알 같은 일상이 없는
지루한 시침이 분침과 함께 슬며시 졸며 영시를 넘을 때
반달은 대견한 생채기를 핥는다

생채소가 다듬어지면서 억센 놈이 계속 버려지듯
밤낮으로 건드려진 청춘은 호흡이 가빠 초록으로 변할 새가 없다
충혈된 눈은 이를 지켜보며 버려진 것들을 모아
자신의 그림자 아래 쌓아두고
틈만 나면 핥는다

길고 모진 새벽 찬바람에 깨진 유리창이 알람 울릴 때
자신이 상현인지 하현인지
밤새 핥은 생채기가 얼마나 아물었는지
단 한 번이라도 확인할 새도 없이
짙어진 냉기를 줄줄 흘리며 거리로 나선다

밤새 도심을 지킨 편의점 불빛은
빠르게 흘러가는 시간들을 꽁꽁 묶어 진열하고
유리창에 비친 아침햇살을 따라

당당하게 걸어가는 모습을
하염없이 바라보는 내가
또 다른 유리창에 있을 뿐

청춘들이 자맥질을 시작할 때
묵언 정진하는 종소리에 자신을 싣는
어제 그 태양을 다시 예열하는 새벽이다

수채화 굽기 좋은 날

태양이 온종일 아스팔트 데우는 날
수채화 굽기 좋은 날

따가운 볕살 위에
절반 그림자를 빗금으로 갈필하여
이리저리 묶어 달포만 기다리면
쏟아져 나오는 수채화 다발들

구워지던 아스팔트 위 쏜살같은 소나기에
가로수는 한 뼘이나 커버려 빌딩과 견줄 때
식어버린 가마 속 수채화는 파란 하늘만 기억하고
빨간등거미가 그린 장미꽃만 덩그러니 남아 있는 풍경
입술 바를 홍시가 주인 잃은 붓에 말라 간다

강렬한 햇빛이 어울려주지 않아도
소나기가 햇살을 삼켜 먹든 말든
하루 종일 붓을 괴고 모로 눕지 않고
커피콩 볶는 향이 유혹하듯
수채 시간을 여는 에메랄드 향기들이 요란한 날이 오길

소나기 지날 때 가로수가 신이 나서 왈왈 짖을 때도

골목에 숨은 작은 화랑에서 회원전이 예정된 날처럼
오월 초록 풍경을 빵 굽는 날처럼
하루 종일 스케치 깔고
허공에 연 날리듯 붓 날리고 싶어

온종일 소나기 습격에도
수채화 굽기 좋은 날

단풍 유희

고장 난 알람에 윤회로 갇혀 일어나지 못한 시절
그래도 아침잠을 집에 두고 소풍은 갔지
박새 같은 부지런을 떨지 않아도 그땐 그랬지
그때와 같은 듯 다른 오늘
설렘을 진정시킬 재주는 없네
눈치챈 가을은 가슴을 헤집고
두근거림을 재촉한다
모처럼 의기투합에
겁박하는 비 예보도 문제 될 게 없고
가을비가 더하는 센티멘털만 유일하다
가는 곳곳마다 느껴지는 시선들
즐기는 건 오히려 단풍이라는 걸 단박에 알아
가슴 들뜬 조잘거림은 허공에 빠진 듯
오래전 그날 이후 처음 느낀 숨 막힘
오솔길 한 바퀴 새침하게 돌고 온 길
붉은 듯 덜 익은 단풍 하나 따라왔네
일기장에 고이 넣어 두근두근 품었다가
어린 시절 더 아련해지기 전
고운 시로 물들게
신령님께 빌어봐야지

슬픈 구휼

마을 저녁 짓는 연기 한 줄기
아이들 소리 뒤로하고 마지막을 떠났다
깨진 뒤주 항아리 비어져
텅텅 우는 소리조차 새고

비쩍 마른 생쥐의 밥 달라 보채어 살 빠지는 소리
아이의 주린 배로 책장 넘기는 소리
문구멍 뚫고 온 찬바람이 엿듣고 있다

어둠이 짙어진 그믐밤 자시는 깨금발로 다가와 발치에 있고
  빈 지게 위서 움츠린 한숨이 싸리문을 민다

한껏 내린 호롱불 심지가 불빛 살리기 힘겨워할 때
  같이 새워준 그믐밤을 빈손으로 떠나보낸 새벽

한숨 엮은 빗자루로 김 진사네 마당을 쓸고
조용한 수소문으로 소문을 읽고
깨진 뒤주 항아리에 함께를 채웠다
아는 듯 아무도 모르게

성냥팔이 소녀

난로와

눈으로 어둠이 하얘 오도 가도 못한 날
넉넉지 못해 어긋난 온기
체한 것처럼 불빛을 막고 있습니다

별,

바람이 한눈파는 사이
당당하게 반쯤 걷은 커튼
불빛끼리 모여앉아
별 하나를 던집니다
담장 너머로

할머니

하늘에서 오도 가도 못한
별이 서성거립니다
한 방에 날려버릴 폭죽을
얼마나 더 터뜨려야
별똥별이 올까요

〉
그리고 외면들

창문 사이 당당한 불빛에
난처한 척하면서 우리는
여전히 마음만 비춥니다
슬쩍슬쩍

요즘 세대

요사채 문살에서 기어 나온 새벽
독경소리 앞질러
똑
똑
한번 달려볼까 똑 또르르
다 토해낸 텅 빈 목탁
속에서 나온 각혈
비바람 치는 날인 줄
단박에 안다

시월 단풍

늦은 가을
민달팽이가 육식하며
지나가고 싶은
하루가 모자랄 듯한
저 평원
시월 바람이 뿌린 빛
붉은 다섯 손가락

함께 구르고 싶은 겨울이
가까이 있음에
쓸쓸함도 함께 물들었을 뿐

해설

가벼움의 시학, 그 즐거운 시의 먼 곳

신상조 | 문학평론가

    정기억 시인은 "詩·書·畵를 즐기는 경영학자"로 알려져 있습니다. 예술을 삶의 실천적 표현 양식으로 삼는 시인의 태도가 대학에서 학생들을 가르칠 때부터 지금까지 이어져 온 것인지는 알 수가 없습니다. 다만 시집에 실린 그의 그림이 미술에 깜깜한 필자의 눈으로도 예사로워 보이지 않습니다. 세속적 잡기와 거리가 먼 시인의 삶을 조심스레 엿볼 수 있겠습니다.
    오랜 동양의 전통교육에서는 시서화에 능한 문인들을 배출해 왔습니다. 문인들은 동양의 통일체적 세계관 안에서의 시서화 삼절三絶: 才絶, 畵絶, 痴絶을 자신들의 이상으로 여겼습니다. 조화와 통일로서 작가와 자연이라는 대상을 하나로 보고, 서로 상응하는 관계적 세계관 속에서 현실을 바탕으로 그들의 사상을 시서화에 전달했었지요. 인간과 자연이 분리되지 않은 조화로운 삶의 태도가 들어있는 시서화에는 이성과 감성의 통일로서의 동양적 예술관이 들어 있습니다. 문자가 발명되면서 주로 문文은 시로 표현되었습니다. 서예는 비록 쓰인 글이라 하더라도 감성이 농축되어 드러나며, 그림 또한 작가의 의도가 중요합니다. 마음으로부터 시작하는 표현에서 행동이 일어나고 이러한 행동을 통해서 앎에 이르게 된다는 '문사철예文史哲藝'의 통합적 사고관을 엿볼 수 있는 대목입니다. 그런데 정기억 시인이 경영학자라는 데서 그가 서양근대의 특성인 원근법적 관점의 분리에 익숙한 현대인임이 새삼 상기됩니다. 그를 일컬어 시서화 삼절을 추구하는 동양적 문인이라고 정의하기가 꺼려지는 이유입니다. 상아탑 안에서의 이성적 학문과 예술적 감성의 조화로움을 추구하는 삶의 태도로 보았을 때, 오히려 시인은 유희하는 인간, '호모 루덴스 HomoLudens'에 가까워 보입니다.

'유희의 인간'을 뜻하는 '호모 루덴스'란 명칭은 네덜란드의 문화사학자 요한 호이징가Johan Huizinga 일상을 놀이로 환원하는 인간의 특성을 특정하여 붙인 용어입니다. 인류의 역사를 문화사Kultur Geschichte적 관점에서 조망한 호이징가는 저서 『호모 루덴스』(1938년)에서 "유희란 단순히 노는 것만이 아닌 정신적인 창조 활동 전반을 가리킨다."라고 명시하였지요. 그에 의하면 유희란 단순한 오락이나 유흥 외에 음악, 미술, 무용, 연극, 스포츠, 문학 등을 망라하며 문화 전반과 시대 감성까지 아우른다고 볼 수 있습니다. 그리고 이 관점대로라면 '호모 루덴스'란 이성적 인간이나 실용적 인간에 대치되는 감성적 인간의 지표이자 시대의 문화적 흐름을 이해하는 데 탁월한 기준이라고 할 수 있습니다. 생존이나 생산에 직결되는 실용적 능력은 아니지만, 창조적 유희란 인간만이 가질 수 있는 감성의 발로에서 구현된 정신적·심리적 기제인 까닭입니다. 또한 각종 예술적 양식으로 드러나는 유희에는 각 시대의 정치 및 사회 전반의 분위기와 현상 등이 재현되어 있음은 주지의 사실입니다.

일상과 삶 자체를 하나의 유희적 예술로 인식하는 태도에는 인간 실존의 근원적 불안과 삶의 모호함을 창조적 유희로써 표현하고 해소하려는 욕망이 투영되어 있습니다. 그러므로 이 시집에 실린 시편들을 읽는 일은 정기억이라는 한 시인의 감성 외에도 동시대를 살아가는 현대인의 문화적 심리를 파악하는 작업이기도 합니다. 이 글은 인간이 삶에서 경험하는 '희로애락'의 감정이라는 네 개의 키워드로 정기억 시의 놀이적 성격과 심리적 현상을 고찰해보고자 합니다. 서둘러 고백하자면, 정기억 시인의 시가 온몸으로 뿜어내는 유희적 생동감에 비해 비평적 역할에 충실한 이러한 해설이 너무 따분할까, 걱정될 따름입니다.

喜 자연과의 교감을 통한 기쁨

 희로애락은 기쁨과 노여움과 슬픔과 즐거움을 아울러 이르는 말입니다. 얼핏 기쁨과 즐거움은 유사한 것 같으나 기쁨의 반대말이 슬픔이고 즐거움의 반대말에는 권태에 해당하는 단어들이 대응한다는 점을 생각한다면 기쁨과 즐거움의 차이는 명확해집니다. 기쁨은 정신적, 물질적 욕구가 충족되었을 때, 또는 그것을 예상하거나 상상할 때 행복한 마음이나 느낌을 뜻합니다. 이에 비해 즐거움은 행위 그 자체나 상태로 인한 행복을 의미하지요. 노동의 대가로 월급을 받는 것은 기쁘지만, 즐거움과는 다릅니다. 도박이나 음주는 비틀린 즐거움을 주지만, 그 즐거움을 기쁨이라 표현한다면 역시 이상할 것입니다. 그렇다면 징기억 시인의 시에서 기쁨은 주로 어디에서 비롯하며 어떻게 표현되는 걸까요?

 "하늘에서 달을 찍어내려 창가에 묶어두려다/ 반달이라 그만둔 적 있"어서 "밤새 앓았"(「위학재僞學齋에 앉은 달빛」)노라 고백할 정도로 자연을 사랑하는 이라는 데서 힌트를 얻어 봅니다. 아닌 게 아니라 시인은 자연과의 교감으로 기쁨이 가득한 삶을 살아갑니다. "먼저 선창하게 된 봄비가 신이 났다 프리마돈나처럼 봄 봄 봄 하는 소리를 녹음했다 ▷를 누르면 나오는 소리 추적추적 빗소리만 쏟아내는 시샘 소리 멋을 한껏 재는 여름 주인공 매미 노랫소리는 민소매 매력을 맛깔나게 해주는 토핑이다 그 천상의 음을 담아 ▷했다"(「고장 난 워크맨」)라며 자연의 소리를 녹음하는 화자의 행동에는 번번이 희열이 묻어납니다. 오는 봄을 상상함으로써 기쁨을 만끽하는 다음 시의 화자를 살펴봅시다.

> 입춘을 바닥에 깔고 우수를 놓고
> 우수는 경칩을 쌓고
> 경칩 위에 춘분을 세워
> 차곡차곡 봄을 완성해가는 소리
> 점점 햇살 기름져 새싹같이 삐죽삐죽 해 길어질 때
> 살거덕살거덕 강아지풀 그림자 짧아지는 소리
> 몽글몽글 자라는 구름을 배경으로 두고
> 졸음 참는 반달의 도란도란 산책하는 소리
> 잔설의 허락 없이 얼기덕설기덕 자리 잡은 진달래꽃 하나
> 서로 견주지 않으려 곱실곱실 비위 맞추는 소리
> 구멍가게 안쪽에서 겨우내 두런두런 지내던 낡은 의자
> 삐거덕삐거덕 가게 밖으로 나오는 소리
> 지나가는 사람 요모조모 훑어보던 노파의 살짝 먹은 귀에
> 가득 찬 동네 개구쟁이들 헐떡이는 거친 숨소리
> 백목련과 한가로이 내외하는 외딴집 고요 속을 기웃거리다
> 덜커덩 자리 잡는 봄 오는 소리
> 해마다 타박타박 온다
> – 「덜커덩 자리 잡는 봄의 소리」 전문

이 시는 봄이 오는 과정을 입춘, 우수, 경칩 지나 춘분이라는 절기를 차곡차곡 쌓아가는 시간의 중첩으로 묘

사합니다. 쌓여가는 것은 절기뿐만이 아닙니다. '차곡차곡' '삐죽삐죽' '살거덕살거덕' '몽글몽글' '도란도란' '얼기덕설기덕' '곱실곱실' '두런두런' '삐거덕삐거덕' '덜커덩' '타박타박', 거의 모든 행에 빠지지 않고 박혀 있는 음성상징어들이 비유에 활용되는 사물들과 조화를 이루며 병렬됩니다. 시인의 시에는 개인적 음성상징어-예로써 '살거덕살거덕'이나 '얼기덕설기덕'-나 숨어있는 순우리말이 아름답게 활용되곤 합니다. 후자의 경우 「달, 낮의 지배자」에 나오는 성질이나 태도가 괴상하고 까다로워 얄미운 데가 있다는 의미의 '얄망궂다'와 가진 것도 없으면서 가진 체하며 뻐기는 티가 있다는 뜻으로 사용되는 '가즈럽다'를 예로 들 수 있습니다.

「덜커덩 자리 잡는 봄의 소리」에서의 음성상징어 활용이 가지는 효과는 일차적으로 봄이 오는 동안 깨어나는 만물을 다양한 감각으로 형상화합니다. 나아가 '소리'라는 명사형 종결을 반복하며 병렬되는 각각의 풍경은 오는 봄을 상상하고 예감하는 화자의 정서적 기쁨과 설렘을 점층시키는 효과를 낳습니다. 이 모두는 무릇 자연의 순환에 해당하는 '봄의 완성'일지라도 그것은 햇살과 강아지풀과 구름과 반달과 잔설과 진달래꽃과 구멍가게 안쪽에 놓인 낡은 의자와 그 가게 주인인 가는귀먹은 노파, 그리고 동네 개구쟁이들까지 지상의 모든 사물과 생명체들이 총체적으로 간섭하고 참여해야만 "완성"

될 수 있음을 강조하는 일입니다.

  잔설이 남은 곳에 핀 진달래가 이른 봄의 풍경을 대신합니다. 손님을 맞기 위해 낡은 의자가 가게 밖으로 스스로 걸어 나오거나, "백목련과 한가로이 내외하는 외딴집" 등은 봄을 맞아 차츰 활기를 띠는 주변 환경과 화자의 기쁨을 드러내는 인격화된 사물들입니다. 시는 온갖 모양과 소리로 충만합니다. 제목이 환기하다시피, '덜커덩' 자리 잡는 봄은 정적인 고요함이나 다소곳함과는 거리가 멉니다. 만물이 깨어 움직이는 모습은 계절이 바뀌는 길목에 봄을 맞으려 두 팔을 활짝 벌리고 서 있는 화자의 생생한 감각을 드러냅니다. 이 같은 기쁨은 "봄바람이 둘러앉아 북적대는 양지쪽/ 꼬물대는 애기똥풀의 분 내음을 맡"(「동시를 읽다」)을 때만큼이나 밝고 따뜻합니다.

怒 시대를 향한 아이와 자연의 분노

  정기억 시인의 시에서 분노는 일차적으로 「팽이의 기분」의 시적 대상인 아이의 입을 통해 터져 나옵니다. 기억할 것은 이 시가 "이 뭐꼬?// 팽이? 걔?// 짧은 세 치 혀로// 때린 데 또 때려// 돌았어!"라는 '시인의 말'과 닮은꼴이라는 점입니다. 시집에서 '시인의 말'이 차지하는 무게를 생각한다면, 이 시는 의미심장합니다.

엄마 목소리가 노려보지 않아도 알아
준비됐어, 스스로 돌아버리겠어
항상 그렇게 돌아버린 날이고 싶은 건지는 몰라
내 기분의 빛나는 모호함, 완벽한 진화
나는 돌아버리고 싶지 않아,
돌
고
싶
어
뭐든, 강하거나 부드럽거나
그냥 돌게 할 뿐
크게 돌아버리다 자리 잡히면
서서 잠도 자, 어지러워
돌아버린 거지

- 「팽이의 기분」 부분

  아이는 높은 성적을 강요하며 학원만 맴돌게 하는 엄마의 엄격한 모성애에 "돌아버리겠어"라며 반항심을 잔뜩 드러냅니다. 아이를 팽이로 은유하는 이 시는, 팽이를 돌게 만드는 채찍이 공부하라는 엄마의 잔소리임은 틀림없습니다. 팽이에 빗대어진 아이는 "서서 잠도 자, 어지러워/ 돌아버린 거지"라고 중얼거립니다. 채찍에 맞아 빙글빙글 돌아가는 팽이에 공부에 치여 잠에 취해 걷고 있는 아이의 모습을 겹쳐놓은 시입니다. 성적이 다는 아니니 너를 사랑하고 오늘에 최선을 다하라며 '카르페디엠'을 외칠 스승은 시의 어디에도 보이지 않습니다.

그렇더라도 자연과의 교감을 통한 기쁨을 노래하던 정기억 시인의 시에서 그 상반된 자리에 자연의 훼손으로 인한 노여움이 놓임은 일견 당연하게 여겨집니다. 부연하자면 그의 시에서 노여움의 정서에 해당하는 시편들은 비교적 많지 않습니다. 희로애락 중에서 노함의 정서가 드묾은 시인 개인의 성품과도 관련이 있겠으나, 문학에서의 섣부른 비판이나 조롱을 경계하는 작가 의식을 엿볼 수 있는 부분입니다. 멧돼지의 준엄한 목소리로 이 시대를 법정에 세운 「시대 법정」을 읽어 봅시다.

> 서부 개척은 침략이다
> 시대 철학이란 건 위장된 탐욕이다
>
> 인간이 넘어뜨린 자연섭리로
> 갈 곳을 잃은 건 야생이란 이름의 우리고
> 탐욕스런 너희를 닮지 못한
> 미련한 족속이란 비난은 당연한 거고
>
> 우리 세상을 위협받는 순간에도
> 인간이 못한 충실한 생식 본능은 잘한 일이다
> 장대한 행렬된 건 어쩔 수 없는 일이고
>
> 행렬 꼬리가 너희를 침공했단 건 인간 입장이고
> 야생 이름으로 보복한 건 비인간적이지
>
> 세상 향해 꽥꽥 장송곡 올리며

내달리는 멧돼지
　　　우리가 지성이다
–「시대 법정」 전문

　멧돼지가 주장하는 인간의 죄목은 탐욕입니다. 그 증거로 자연의 섭리가 파괴된 걸 들 수 있는데, 피해는 자기들이 고스란히 받는다는 겁니다. 멧돼지가 증언하는 인간의 만행은 서부 개척 시대까지 거슬러 올라갑니다. 인간들이 아무리 그럴듯하게 합리화해봤자 위장된 탐욕의 연쇄일 뿐, 그러한 와중에도 자신들은 인간들이 하지 못한 종족 번식을 충실히 해냈으며, 장대한 행렬을 이루어 인간의 영역을 침입하게 된 것도 자연이 파괴된 탓이기에 어쩔 수 없단 입장입니다. 이뿐 아니라 인간은 문명의 이름으로 야생에 보복을 감행하기에, 세상을 향해 고작 장송곡을 꽥꽥거릴 뿐인 자신들이야말로 지성을 가진 집단이라고 강변합니다. 멧돼지와 고라니를 포획하면 10만 원의 포상금을 받을 수 있고, '피해방지단'의 활약으로 농작물 피해 신고가 크게 줄었다는 근자의 뉴스도 결국은 자연 훼손에서부터 이야기가 시작됩니다. 환경 파괴의 원인을 제공한 인간은 가해자이자 피해자입니다. 그럴더라도 정작 목숨조차 부지하기 어려운 동물들로서는 기가 막힐 노릇입니다.

　모아놓은 꿀 대신에 "황설탕 한 숟로 허기 때우"는 겨울철 일벌의 신세도 편치 않기는 마찬가지입니다. "허기진 배 주려 잡고 빈 날개만 윙윙대는 일/ 이름 없는 들꽃 사이 이리저리 헤매다/ 철 지난 들꽃에다 빨대 꽂는 일"(「공시족 유전流轉」)의 연속도 지구온난화로 인한 생태계의 파괴를 보여줍니다. 그나저나 이 시의 제목이 「공시족 유전流轉」입니다. 공무원 시험 준비생이라는 의미의 '공시생'이 시의 제목인 이유가 혹시 꿀을 구하기 힘든 벌들에 빗대 취업 절벽인 현실을 풍자하기 위해서일까요? 어쩐지 철 지난 들판을 헤매던 일벌은 시의 마지막에 이르러 "빈방 차가운 문고리"를 잡으며 고시촌 같기도 한 곳으로 지쳐서 돌아옵니다.

하지만 이들의 분노가 아무리 커도 "웬 팔자로 여기서 늘어지게 쉬고 있는가?"라는 질문을 받은 어시장의 문어가 "더해진 얼음 사이로 다리 하나"를 "부르르 떨"(「비린내의 몸부림」)며 느끼는 공포와 분노만큼이야 할까, 싶습니다. 그리고 보면 정기억 시인의 시는 세상을 들이박는 멧돼지의 사나운 이빨과 몸부림치는 문어의 비릿한 다리를 짐짓 우스개나 늘어놓는다는 표정으로 그려냅니다. 성난 멧돼지를 사살할 자격이 있는 이가 누구인가요? 저들이 살아가는 야생에는 원래 파출소도 없고 검찰청도 없고 법원은 더더구나 없습니다. 그러니 시대를 법정에 세운 저 멧돼지들이야말로 인간들에게 포획당한 채 이 문명의 법정에 강제로 출석하게 된 억울한 피해자들이 아닐는지요.

哀 애착과 그리움, 그 연약한 존재들의 슬픔

정기억 시인의 시에서 '哀'의 첫 번째 양상은 연약한 존재들을 애처로워하는 화자의 정서로 드러납니다. 「달맞이꽃님」이라는 작품의 경우, "치매 요양센터"를 벗어나 길을 잃고 헤매던 치매 노인이 덤프트럭에 치여 사망한 이야기를 다루고 있습니다. 애도의 대상에 대한 시인의 연민은 죽기 전 고인의 몸이 "비쩍 마른" 상태였음을 주목합니다. 시인은 농원에서 탈출한 암사자란 설정을 통해 '요양'이라는 허울뿐인 구속을 에둘러 설명합니다. 그는 노인의 죽음을 사고가 아니라 "사살"이라 명명함으로써 단순한 연민의 감정을 넘어 이 시대의 노인 문제를 환기합니다. 꼬챙이 같은 노인의 주검을 응시하는 애잔한 시선과 달리, 냉정하고 날카롭게 사회 문제를 마주하는 것입니다. 이는 치매 노인과 관련한 사고가 삶의 한 단면이자 우리가 감내하고 책임져야 할 현실이라는 인식에서 비롯합니다.

'哀'에는 소멸하는 존재들이 가지는 생에 대한 애착이나 집착도 포함됩니다. 점점 짧아지는 햇살에 미련을 버리지 못하던 고추잠자리의 최후를 보세요. 어제까지 앉았던 편안한 장대는 어디로 가고 흔적도 없을까요? 가을 하늘 아래 높이 날던 잠자리의 "짜릿한" 시간은 한바탕 꿈이거나 환상이었습니다.

날쌘 제비인 줄 누가 생각이나 했으랴
허나, 둥근 레이더를 가진 저 머리
번쩍하면 아이, 쿵 하면 빗자루
천둥번개로 알아내어
봉숭아 씨방처럼 튀어 오른다
그의 삶에서 한가함이란 곧 저주
매 순간 하늘을 접는 민첩한 근육의 무용,
짜릿하던 가을이 반쯤 희미해질 즈음
코스모스 스카프 하나둘 떠난 뒤에야
노숙하고 점잖은 신사가 된
환한 대낮 탁 트인 장독대
점점 짧아지는 햇살 느긋이 즐기다가
아기의 엄지와 검지 사이에
날개를 맡기는

-「고추잠자리」 전문

  짧은 시 한 편에 고추잠자리의 전생全生이 들어있습니다. 잡으려는 아이와 그 빗자루를 피해 "봉숭아 씨방처럼 튀어 오"르고 "매 순간 하늘을 접는 민첩한 근육의 무용"을 자랑하던 잠자리가 청춘을 상징한다면, 현재의 저 '느긋함'은 늙은 시간을 만나 몸이 둔해진 노년을 의미하겠지요. 빗자루도 필요 없이 아기가 엄지와 검지만으로도 잡을 수 있으니, 짜릿하던 고추잠자리의 짧은 생은 허무하게 끝이 납니다. 시인은 사람에게 잡힌 잠자리를 두고 "날개를 맡"긴다고 표현합니다. 날개는 가벼워

하늘을 납니다. 하늘이 풀어놓은 날개를 가두는 건 언제나 인간이지요. 잠자리는 그걸 인정하기 싫었던 걸까요? 그래서 스스로 날개를 맡겨버린 걸까요? 다음 시는 아예 슬픔에 겨운 여인이 등장합니다.

> 언제나처럼 미소를 짓는다
> 오늘은 약간 우수가 겹쳐진다
> 아무렇지 않은 듯 짓는 눈웃음에
> 눈가 주름 하나가 더 보인다
> 화장은 들떠 있고
> 발그레한 립스틱 입술에 보랏빛이 감도는 걸
> 가끔 먼 산도 쳐다보다가
> 이내 눈을 돌리지만
> 그 시간이 조금씩 길어지고 있다
> 간간이 숨죽이는 짧은 한숨이
> 이내 긴 한숨으로
> 마른 침도 삼키고
> 꽉 다문 입술로
> 고개를 떨구고
> 잠시 머물렀다가
> 이내 소매에 얼굴을 묻고
> 어깨가 들썩이는
>
> — 「애련한 난초」 전문

입체파 화가 피카소는 다섯 번째 연인 도라 마르의 우는 얼굴을 그렸습니다. 그 유명한 〈우는 연인〉이 그것입니다. 입체적으로 분해한 뒤 다시 재조립하는 피카소 특유의 표현법으로 제작된 이 그림 속 도라 마르의 모습은 기괴합니다. 자기 때문에 울고 있는 연인의 얼굴을 그림의 소재로 삼을 정도로 피카소는 그림에 미쳤거나 타인의 슬픔에 둔감했는지도 모르겠습니다. 「애련한 난초」에서 피카소나 도라 마르와 같은 모종의 서사가 읽히지 않음은, 시인이 시적 대상에 대한 정보를 제목 외에는 주지 않기 때문입니다. '애련하다'란 단어는 애처롭고 가엽게 여긴다는 의미를 갖습니다. 이 단어가 정결하면서도 가녀린 이미지의 '난초'를 수식합니다. 시인은 스케치하듯 여자의 울기 직전 표정과 울음을 터뜨린 순간의 모습을 차례대로 묘사합니다. 여인의 슬픔은 깊고 무겁지만, 소매에 얼굴을 묻고 어깨를 들썩이며 울고 있는 슬픔은 화자의 내면 깊숙이 뿌리를 내릴 뿐입니다. 흐느끼는 여인과 달리, 시인은 슬픔을 과장하지 않고 담담하게 그려냅니다. 연민은 때로 그의 삶과 시를 추동하는 힘이기도 하지만, 슬픔을 대하는 시인의 태도는 외딴집의 사립문을 열었다 닫듯 무심합니다. 그러나 사립문 안쪽의 적요한 공간으로 애착과 그리움과 회한이 가라앉습니다. 마음이 민감한 사람들만이 느끼는 무감함의 역설입니다.

樂 시도 인생도 놀이인 호모 루덴스의 즐거움

정기억 시인의 시가 가지는 정서는 '희로애락' 중에서도 그 마지막을 차지하는 즐거움을 목표로 달려갑니다. 즐거움은 그의 시에서 그야말로 최종 심급에 자리하는 정서입니다. 주지하다시피 즐거움은 '놀이'와의 친연관계를 자랑합니다. 실제로 정기억 시인은 시를 갖고 노는 사람이고, 우리는 다음 시편들을 통해 그가 얼마나 놀이에 능한 시인인지를 확인할 수 있습니다.

> 검은 밤하늘에 별을 그리면 흰 눈이 되고
> 별과 함께 하얀 눈썹을 붙이는
> 벌써 섣달그믐 즈음
>
> 첫눈인지 아닌지
> 이제라도 세어보자
> 내리는 눈발에서
> 눈송이가 몇 개나 되는지
>
> 행여 오는 도중
> 바람에 실려 뒷산으로 간 건
> 또 몇 개나 되는지
>
> 오는 눈보다 뒷산으로 간 눈이 더 많으면
> 마을을 지나가는 바람을 남김없이 모두 잡아
> 어귀 당산나무에 꽁꽁 묶어 두고

아침저녁으로 지나면서 타이르자
두 번 다시 첫눈을 데려가지 못하게

눈이 펑펑 오는 날을 기다리는 이들에게
우리 동네에도 첫눈이 온다고 말할 수 있게
— 「첫눈 내리는 날」 전문

이도 저도 아니면
첫눈을 뒷산으로 날려 보냈다고
억울하게 마을 어귀 당산나무에 꽁꽁 묶여* 있다가
탈출한 바람이 일으킨 반항일지도 모른다
— 「정오 바다 물빛의 정체는」 부분

앞의 시는 섣달그믐 즈음, 첫눈 오던 날의 환희를 노래하고 있습니다. 소담하게 퍼붓는 함박눈이 아니고 바람을 동반한 성긴 눈발입니다. 화자는 바람에 날려서 쌓이지 못하는 눈이 안타까워 "마을을 지나가는 바람을 남김없이 모두 잡아/ 어귀 당산나무에 꽁꽁 묶어 두"고 타이르자고 요청합니다. 동심 가득한 이런 상상력도 재미있지만, 그 눈치 없는 바람이 「정오 바다 물빛의 정체는」에서 다시 등장할 때는 이 시인이 정말 시를 가지고 즐겁게 놀고 있다는 생각이 듭니다. 시를 쓰는 사람과 시를 만드는 사람과 시를 가지고 노는 사람 중에서 누가 가장 뛰어난 시인인가는 생각해 볼 일입니다. 그것과 별개로 즐겁고 행복하기로 치자면 시를 쓰고 만드는 사람

보다야 시를 가지고 노는 사람일 겁니다. 다음의 시는 정기억 시인의 일상이 하나의 놀이로 등장합니다. 그는 하루하루를 즐겁고 유쾌하게 살아갑니다. 호모 루덴스로 정의되는 현생인류답게, 정기억 시인의 일상은 놀이로 충만합니다.

    마당이 죽창의 공격을 받습니다
    척후병 하나가 먼저 망을 보더니 이어 동시에 서넛이 후드득, 침범합니다
    나는 곧 대규모 침공으로 대나무 숲이 될 것으로 대번 눈치챘습니다
    마른 땅에 죽창이 여럿 꽂히면 흙냄새가 확 올라옵니다
    텃밭의 상추 심장 한가운데를 노릴 것 같습니다
    전후戰後 상추의 품귀 현상을 불러오는 심각한 경제 상황이 걱정됩니다

    이번 전투의 승리를 위해선 명쾌한 전략이 필요합니다
    블레셋 군대의 골리앗을 물리친 다윗의 지략 같은 게
    얕보는 골리앗을 향한 다윗의 전략
    "신의 이름으로 싸운다"
    다윗의 전략은 별거 아닙니다 무릿매 돌팔매질입니다

    새총으로 물리친 지난해 전투가 생각났습니다
    기마병이 침공했습니다
    이웃집 강아지의 어미와 갓 태어난 네 아들, 쳐진난민이었습니다

> 아껴둔 부드러운 상추 잎과 줄기를 통째로 부러뜨렸습니다
> 채소밭이 아니라 쑥대밭이 되었습니다
> 전투에는 승리했지만 상추는 맛도 보지 못했습니다
> –「어느 날의 습격」 부분

  텃밭을 공격하는 무리는 죽창을 든 농민, 아니 공중을 누비는 새 떼입니다. 공중전에 능한 저들은 지상전에도 뛰어납니다. "척후병 하나가 먼저 망을 보더니 이어 동시에 서넛이 후드득, 침범"합니다. 전략이 뛰어나지 않습니까? 자기 집 마당에 홀로 고립된 화자로서는 당해낼 재주가 없습니다. 화자가 고립무원의 처지인 데는 그의 텃밭을 노리는 적들이 이웃집에 은밀히 잠복해 있음도 일조一助합니다. 어미 개와 강아지 네 마리까지, 나이를 불문하고 혈연으로 뭉친 적들은 화자의 상추밭을 마구마구 공격합니다. "한여름 강한 백사장의 햇빛이 다시 부활하게 되면 상추쌈을 한입 먹기를 기대하"던 화자의 소박한 바람이 여지없이 무너질 위기에 처했습니다. "채소밭이 아니라 쑥대밭이 되었"던 경험도 생각납니다. 더욱이 분통 터질 노릇은 이 적들이 전쟁을 아주 우습게 여겼다는 겁니다. "천진난만"하게 헤집어 놓고 떠났다는 그들의 안하무인을 좀 생각해 보세요. 이러니 올해도 "전후戰後 상추의 품귀 현상을 불러오는 심각한 경제 상황이 걱정"되는 지경입니다. 화자는 기도합니다. "오! 천지신명님이시여 우리에게 승리를". "태몽"에

까지 등장한 상추를 지키기 위해 그는 용감히 맞서 싸웁니다. "새총"을 들고, "평상"을 은폐물 삼아…….

　근엄한 경영학자께서 이토록 신나게 망가질 수 있으니 시의 힘은 정말 대단하지 않습니까? 아니 그 대단한 시를 가지고 즐겁게 놀이하는 정기억 시인이야말로 이미 시의 먼 곳에 닿은 사람이겠습니다. 책장을 덮습니다. 그의 시를 읽은 우리에게 유쾌한 즐거움이 새 떼처럼 날아듭니다.